本丛书（第1版）入选2020年全国优秀科普作品

·青少年知识产权普及教育丛书·

商品、服务与商标

第2版

国家知识产权局 / 组织编写

段晓梅 / 撰文

知识产权出版社
全国百佳图书出版单位
——北京——

图书在版编目（CIP）数据

商品、服务与商标 / 段晓梅撰文；国家知识产权局组织编写. — 2 版. — 北京：知识产权出版社，2022.1

（青少年知识产权普及教育丛书）

ISBN 978-7-5130-7638-8

Ⅰ．①商… Ⅱ．①段…②国… Ⅲ．①商标法—中国—青少年读物 Ⅳ．① D923.43-49

中国版本图书馆 CIP 数据核字（2021）第 150365 号

项目策划：刘　超	项目执行：黄清明
责任编辑：李陵书	责任校对：王　岩
封面设计：研美设计	责任印制：刘译文

青少年知识产权普及教育丛书

商品、服务与商标（第 2 版）

国家知识产权局　组织编写

段晓梅　撰文

出版发行：**知识产权出版社** 有限责任公司	网　　址：http://www.ipph.cn
社　　址：北京市海淀区气象路 50 号院	邮　　编：100081
责编电话：010-82000860 转 8165	责编邮箱：lilingshu_1985@163.com
发行电话：010-82000860 转 8101/8102	发行传真：010-82000893/82005070/82000270
印　　刷：天津市银博印刷集团有限公司	经　　销：各大网上书店、新华书店及相关专业书店
开　　本：787mm×1092mm　1/16	印　　张：4.75
版　　次：2022 年 1 月第 1 版	印　　次：2022 年 1 月第 1 次印刷
字　　数：66 千字	定　　价：25.00 元
ISBN 978-7-5130-7638-8	

出版权专有　侵权必究

如有印装质量问题，本社负责调换。

《青少年知识产权普及教育丛书》编委会

主　　　任｜申长雨
副　主　任｜甘绍宁　胡文辉
执 行 主 任｜诸敏刚　刘　超
编　　　委｜段玉萍　段晓梅　金云翔　杨敏锋
　　　　　　王润贵　汤腊冬　黄清明

编者的话

青少年朋友们：

你们是否听说过知识产权？是否了解一些关于知识产权的知识？是否明白知识产权对于我们个人、社会和国家有着什么意义？其实，知识产权离大家并不遥远。这套《青少年知识产权普及教育丛书》将帮助你们找到这些问题的答案。

想象一下，如果世界上没有电灯、电话、汽车、飞机或者互联网这些划时代的伟大发明，也没有小说、诗歌、电影、音乐或者绘画这些文学艺术作品，我们的生活会是什么样子呢？人类文明和进步的历史其实就是一部发明与创新史，因为发明和创新深刻地塑造和改变了我们的世界和我们的生活方式。

人类的各种智力成果需要得到有效保护，进而激发发明人、创新者、创造者和艺术家的创新创造活力。人类文明也在不断创新，并且建立了能够持续激励和奖励创新的制度。事实上，知识产权制度已经存续了数百年，促进了人类创新的重大飞跃，进而深刻影响了历史。

知识产权的本质是鼓励创新、保护创新，是"为天才之火添上利益之油"。知识产权对于全球经济的发展和知识经济的繁荣发挥着与日俱增的重要作用。它已成为各国科学、技术、经济、社会和文化发展的动力和制度保障，同时也是国家竞争力与整体实力的综合体现。

我国知识产权保护工作，新中国成立后不久就开始了。经过不懈探索，中国知识产权事业不断发展，由弱变强、由多向优，走出了一条中国特色知识产权发展之路，知识产权保护工作取得了历史性成就，全社会尊重和保护知识产权意识明显提升。习近平总书记在中共中央政治局第二十五次集体学习时发表重要讲话，指出"创新是引领发展的第一动力，保护知识产权就是保护创新""要加强知识产权保护宣传教育，增强全社会尊重和保护知识产权的意识"。

进入新发展阶段，推动高质量发展是保持经济持续健康发展的必然要求。知识产权作为国家发展战略性资源和国际竞争力核心要素的作用更加凸显。中共中央、国务院印发的《知识产权强国建设纲要（2021—2035年）》指出要"建设促进知识产权高质量发展的人文社会环境"，其中特别强调"进一步推进中小学知识产权教育，持续提升青少年的知识产权意识"。少年强，则国家强；青年兴，则民族兴。青少年是国家的未来，民族的希望，充满活力和创造力的青少年是实现中华民族伟大复兴的先锋力量。帮助青少年理解、尊重、创造和保护知识产权，培养他们新时代知识产权文化自觉和文化自信，具有重要意义。为帮助青少年系统了解并掌握知识产权基本知识，在国家知识产权局主持下，2018年我们组织编写出版了《青少年知识产权普及教育丛书》（以下简称《丛书》），包括《知识产权基本知识》《发明创造与专利》《商品、服务与商标》《作品与著作权》《创新思维与发明》5个分册。

《丛书》第1版推出以来，受到众多学校和师生的一致好评，并入选了科技部组织评选的2020年全国优秀科普作品。新修改的《商标法》自2019年11月1日起施行，新修改的《专利法》《著作权法》自2021年6月1日起施行。为深入贯彻习近平总书记重要指示精神和《知识产权强国建设纲要（2021—2035年）》，适应新修订的有关法律，更好地加强知识产权宣传教育，我们重新组织作者团队，编写出版了《丛书》中的《知识产权基本知识（第2版）》《发明创造与专利（第2版）》《商品、服务与商标（第2版）》《作品与著作权（第2版）》4个分册。《创新思维与发明》暂未修订。

由于时间仓促，编写者水平所限，《丛书》错漏之处在所难免，恳请广大读者在使用中不断发现问题，提出批评和建议，以便我们再版时修订完善。

让我们跟随《丛书》，一起走进五彩纷呈的知识产权世界，来探索近代以来深刻影响了人类生产生活、改变了人类社会面貌的知识产权的奥妙吧！

《青少年知识产权普及教育丛书》编委会
2021年12月

目 录

第一章

商标的基础知识

004
第一节 商品、服务与商业标识

008
第二节 商标的概念和历史

013
第三节 商标的分类

020
第四节 商标的价值

第二章 商标注册

028 第一节 注册商标和未注册商标

030 第二节 注册商标的特征

037 第三节 如何申请注册商标

042 第四节 其他商标授权确权程序

第三章 商标权的保护

052 第一节 商标权的内容和特点

057 第二节 保护商标权的意义

061 第三节 商标专用权保护

第一章

商标的
基础知识

我们购买图书、玩具或日用品时，通常会考虑哪些因素呢？生活实践中，我们需要某类商品或服务时，往往会倾向于某种牌子、外形或品质。从这些特征入手，能够很快找到自己心仪的商品或服务。商家为了吸引和留住消费者，也会特别重视自己的标识和品牌形象。

这些内容涉及商业标识和商标，是知识产权保护的重要内容。在本章，你将会了解什么是商业标识、什么是商标；商标的分类；商标的价值。了解了这些内容后，当你再看到商品的包装和服务说明时，就能更多地了解它们背后的意义了。

本章知识结构

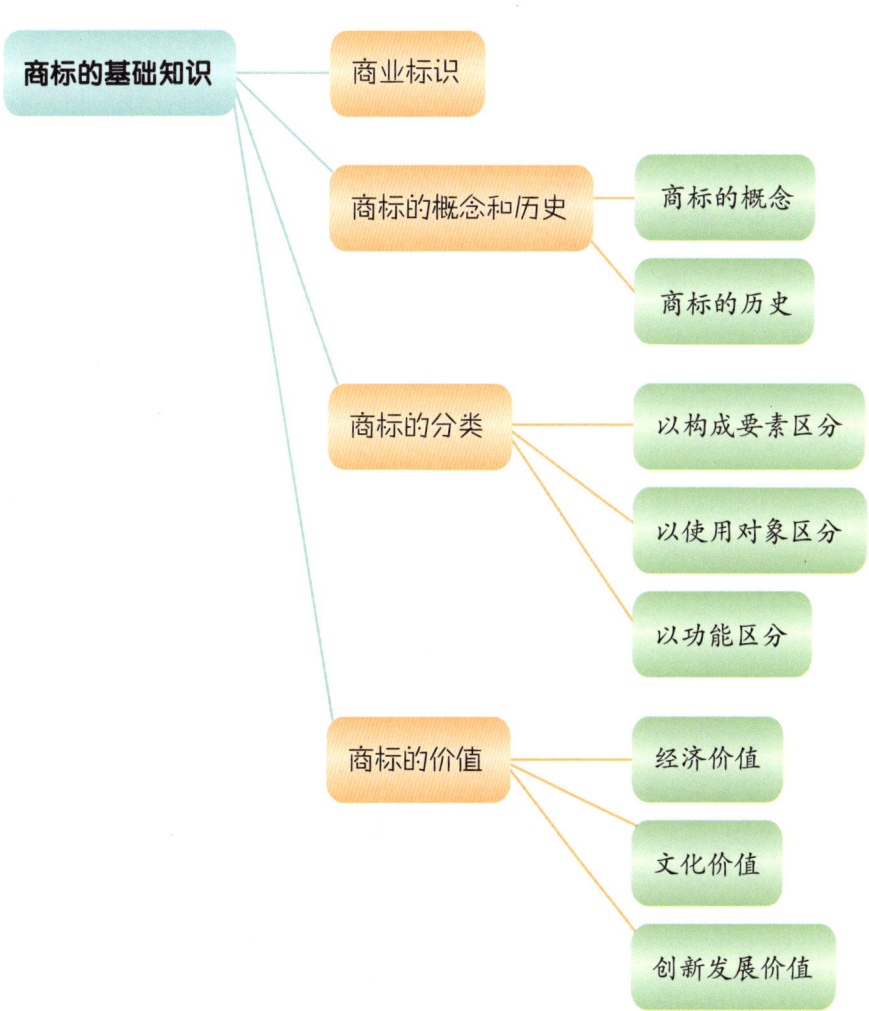

第一节 商品、服务与商业标识

有形商品和无形服务都需要通过货币进行交换才能获得。我们日常购买的文具、服装、食物等都属于商品,同学们在课外时间参加的兴趣班、夏令营、俱乐部等都属于服务,这两类产品都是我们购买的对象,也是企业销售的内容。

当我们走进商店,看到一件商品,首先了解的就是商品外包装和上面形形色色的标识。通过这些标识,我们可以了解很多有用的信息,比如这个商品的牌子、产地、品质、生产者和生产日期等。

 **问题讨论**

本地特色的美食、景点是通过哪些特色信息让人们印象深刻的?

商品或服务的提供者用以标明自己商品或服务的来源、品质、生产或服务主体、特征的商用符号就是**商业标识**。具体来说,商业标识包括商标、商号、域名、商品特有名称、商业外观、广告语、产地标志

商业标识

等。我们正是通过这些商业标识组合来辨识产品或服务的。

商标，是使用最普遍、功能最重要、凝结无形财产价值最大的一种商业标识。在后面的内容中，我们会详细介绍。

商号，是区别不同经营主体的一种商业标识，与企业名称有区别又有联系。企业名称一般由行政区划、字号、行业或者经营特点、组织形式依次构成。如"青岛海尔投资发展有限公司"，"青岛"是行政区划，"海尔"是字号，"投资发展"是经营特点，"有限公司"是组织形式。其中的字号部分，也就是商号，是区别不同经营主体的依据，是企业名称保护的重点。

在实践中，有些企业的商号与商标往往一致，如海尔集团与其产品海尔电冰箱；在服务行业，商号与商标同一的现象更为普遍，如"全聚德"既是中国全聚德（集团）股份有限公司的商号，也是其在餐饮服务上的商标。

商品特有名称，是指在相关领域具有一定影响，为相关公众所知悉的商品独有的名称，区别于商品的通用名称。如"糕点"是一类商品的通用名称，而佛山特产"盲公饼"在相关公众的认知里，是来源于某一特定市场主体的一种糕点商品的特有名称。

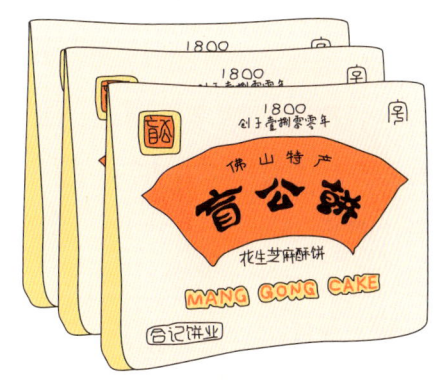

商品特有名称

商业外观，是指由外形、样式、颜色及其组合等特定元素构成的商品或服务的整体形象。主要指有一定影响的商品特有的包装、装潢，也包括整体的店面装潢或服务的整体风格，"互联网+"时代的企业网站整体设计等，甚至是一个企业的整体形象。

商业外观

其中，**商品包装、装潢**是指用以识别与美化商品的整体设计形式，包括商品容器的外形、商品外包装，以及在商品或包装上附加的装饰性文字、图案、色彩及其排列组合等。

广告语，是指厂商为了宣传自己的商品或服务，在包装或广告牌、广告宣传品、广告片中使用的能够引起消费者兴趣和购买欲望的短语或短句。好的广告语可以用最少的文字，传达关于商品或服务独特卖点的最丰富的信息，富有诗意、寓意深刻、朗朗上口。如"农夫山泉有点甜"和"让世界爱上中国造"等。

产地标志，可以是仅仅表明商品的生产加工地信息的任何标志，如"中国制造"标识。

商业标识和产品标识虽然有一小部分内容重叠，但也有区别。**产品标识**，是用于识别产品及其质量、数量、特征、特性和使用方法等的各种表述和指示的统称。产品标识可以用文字、符号、数字、图案以及其他说明物等表示，其主要内容包括：（1）产品的自身属性，如产品的名称、产地、规格型号、等级、成分含量、产品合格证等；（2）生产者相关信息，这是生产者承担产品质量主体责任的体现，包括生产者的名称、地址、联系方式等；（3）产品的扩展属性，如在产品上标注生产许可证标志和编号，或者中国强制认证标志（3C标志）、注册商标、地理标志等；（4）注意和提示事项，这对于保障消费者的身体健康和人身、财产安全具有重要作用，包括生产日期、保质期、贮存条件、使用说明、警示标志或中文警示说明等，如"请勿倒置""小心轻放""由此打开"等。

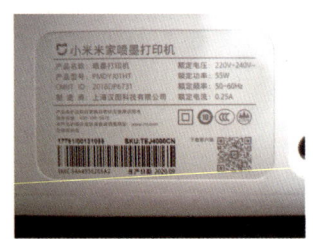

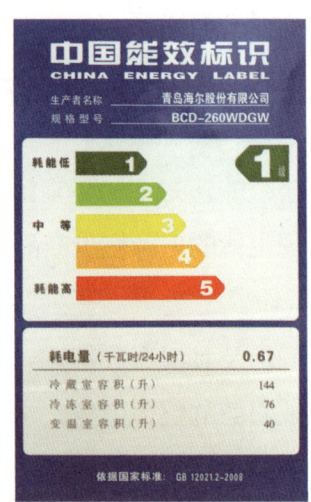

产品标识

商品、服务与商标

这些产品标识可以帮助我们更好地了解产品，起到指导消费者的作用。

商业标识，是一个由多种元素组成的整体。企业组合使用各种商业标识，可以帮助消费者快速识别商品，并将商品或服务与特定来源联系起来，从而影响其购买选择。商业标识是商家向消费者传递信息的重要渠道，具有重要的经济价值。很多商业标识还具有深厚的文化内涵、历史价值和商誉价值，代表着企业的文化与形象。

资料卡：国际条约所保护的商业标识类别

《建立世界知识产权组织公约》将知识产权所包括的权项划分为8项，其中第6项为"关于商标、服务商标、厂商名称和标记的权利"。除商标、厂商名称明确列出外，这里的"标记"应当包括地理标志以及有一定影响的商品的特有名称、包装、装潢等，之所以没有明确列出，是因为各国在这方面的保护尚未达成一致，各国可根据各自情况确定保护范围。世界贸易组织（WTO）在《与贸易有关的知识产权协定》（TRIPS）的第1部分第1条中，把知识产权的类别划分为7项，其中第2项、第3项分别列出了商标和地理标志，这两项商业标识与贸易关系最为密切。

第二节 商标的概念和历史

商标是商业标识的重要内容，也就是我们常说的"牌子"。每一种商品或服务都会有自己专属的"标签"，让我们可以很容易地找到它，并依据它认牌购物。

商标，是指商品的生产者、经营者或者服务的提供者为了标明自己和区别他人而在自己的商品或者服务上使用的具有显著性的符号。人们常常谈到品牌，但商标与品牌并不是一回事。商标属于法律概念，是用于区别商品生产者、经营者或服务提供者的标志；品牌属于营销概念，品牌获得法律保护的主要途径是依法申请商标注册，取得注册商标专用权。品牌的主要表现形式和核心是商标。

标示和区别商品或服务是商标的重要作用之一，从这个意义上来说，古人很早就有"商标"的意识了。商标的起源可追溯至古代，最初是在产品上刻上制作者的姓名，当时的工匠将其签字或标记印制在其产品上，以便在交换中同他人的产品相区别。时至今日，我们还能在很多文物上看到制作者的名章。

带印章的紫砂壶

商品、服务与商标

第一章 商标的基础知识

现在的很多非物质文化遗产产品也还沿用古代的名章标示方法。

随着生产力的提高和商品经济的发展，商品种类不断增多，同类商品的生产者和经营者也不断增多，他们为了使购买者准确识别自己的产品，维护自己的信誉，逐步完善了标识的形式，不仅有文字标识，还出现了图形标识。

事例分享1-1

中国最早的商标——"济南刘家功夫针铺"铜版

在中国国家博物馆里保存着一块我国宋代的广告印刷铜版，上面刻有"济南刘家功夫针铺"的字样，被业内一致认为是我国最早的商标。随着宋代私营工商业的发展，商业竞争日趋激烈，不少店铺为了推销自家产品，除了装潢店面外，还定制了带有店铺标记的印刷铜版用来印刷广告。下图左侧铜版就是用来印刷广告的。该铜版长12.4厘米、宽13.2厘米，铜版上方标明店铺字号"济南刘家功夫针铺"，正中为店铺标记——白兔捣药图案，于图案左右标注"认门前白兔儿为记"，下方则刻有说明

中国最早的商标——宋代"济南刘家功夫针铺"的"白兔儿"标记铜版

商品质地和销售办法的广告文字:"收买上等钢条,造功夫细针。不误宅院使用,转卖兴贩,别有加饶,请记白。"铜版图文并茂,文字简练。从整体看来,白兔捣药的图案相当于店铺的标志,广告化的文字宣传突出了产品的原材料、质量、销售方式和营销手段等。根据当时的社会背景,针的使用者以不识字的女性居多,图形比文字更易辨识。这样的商标设计能起到广告宣传的作用,可以说是我国古代相对完整的平面广告作品。

问题讨论

参考以上资料,说一说文字标识和图形标识的作用。

分析思考

选取你熟悉的老字号,查查它有什么含义,结合老字号的历史传承和文化内涵,说说你对老字号商标的理解。

我国近代商标是与资本主义生产方式的输入同步产生的。在受西方经济影响较深的沿海地区,企业为了推动产品出口和防止假冒,在商品包装上打上"商标"字样。19世纪末到20世纪初,商标的使用在广东、上海、天津、宁波、大连等地已非常普遍。1904年,清政府颁布了我国历史上第一部商标法规《商标注册试办章程》。因各国在华利益关系的冲突,这个商标法规颁布后多次遭到德国、日本等国的反对,他们要求修正此商标法规的部分条文。为此,清政府商务部决定暂缓成立商标注册局。1906年,清政府将商标管理划归农工商部。1911年(清宣统三年),辛亥革命爆发,清王朝封建专制制度宣告结束,商标注册局最终并没有真正成立。民国初年,外商在华使用的商标,大多由上海海关商标挂号分局受理;国内厂商使用的商标,则由工商部商务司保商科代为登记备案。

商品、服务与商标

北洋政府时期，商标管理工作有了进一步发展。国内外厂商多次强烈要求北洋政府按照西方商标律例制定商标法，在此背景下，北洋政府于1923年5月成立了商标局，仿照西方商标法律颁布了《商标法》及其细则。

清政府颁布《商标注册试办章程》

中华民国国民政府成立后，于1927年颁布了《全国注册局注册条例》，规定在原北洋政府商标局注册的商标须重新注册并领取商标注册证，商标注册制度正式开始执行。

中华人民共和国成立以前，各解放区人民政府曾先后制定了关于商标注册保护的制度。中华人民共和国成立初期，1950年，中央人民政府政务院颁布了《商标注册暂行条例》，这是中华人民共和国第一部商标法规，也是中华人民共和国成立后最早的经济立法之一。现在施行的《中华人民共和国商标法》（以下简称《商标法》）是1982年8月23日第五届全国人民代表大会常务委员会第二十四次会议通过的，这是我国第一部比较健全的商标法律，也是我国第一部知识产权法律。《商标法》的基本原则包括：全国统一注册原则，保护注册专用权原则，自愿注册原则，诚实信用原则，判定商标专用权归属的申请在先原则，兼顾使用在先原则；还规定了注册商标审查、异议、撤销与商标专用权保护等一系列制度。

事例分享1-2

我国历史上第一件注册商标

中国进入近代社会以后,一批本土著名商标开始出现,如中国近代民族工业的杰出代表无锡荣氏家族创办的无锡茂新面粉厂,从1910年开始使用兵船牌商标,开创了国货商标的先河。

1923年北洋政府商标法颁布后,同年,无锡茂新面粉厂就"兵船"向商标局提出了商标申请,兵船牌商标成为我国历史上第一件注册商标。兵船牌商标分为绿、红、蓝、黑四种颜色,用以区别不同产品的等级。该商标曾经获得1926年美国费城商标博览会荣誉奖。

荣氏家族于1915年创办的申新纺织公司,注册了人钟牌、四平莲牌、宝塔牌、龙船牌等商标,这些商标当时都比较知名。20世纪20年代,上海三友实业社生产的三角牌毛巾,打破了日本铁锚牌毛巾对我国市场的垄断,为国货品牌赢得了荣誉。

老兵船牌商标

兵船牌商标

第三节 商标的分类

常见的商标分类,包括以构成要素区分、以商标的使用对象区分、以商标的功能区分等几种分类方法。

以构成要素区分商标

以构成要素区分,商标可分为文字商标、图形商标、组合商标等传统商标和立体商标(三维标志)、声音商标、颜色组合商标等非传统商标。近年来还出现了动态商标、味觉商标、触觉商标等诸多新型非传统商标。目前,我国接受注册的商标类型包括传统的平面商标、立体商标、颜色组合商标和声音商标。

资料卡:《商标法》节选

第八条 任何能够将自然人、法人或者其他组织的商品与他人的商品区别开的标志,包括文字、图形、字母、数字、三维标志、颜色组合和声音等,以及上述要素的组合,均可以作为商标申请注册。

分析思考

我们身边常见的商标有哪些类型?请举例说明。

文字商标，是生活中最为常见的商标类型，其便于呼叫的特性使人们可以快速地认识并记住它。如"全聚德""999""ZTE"等都属于文字商标。

文字商标

文字包括汉字、汉语拼音、少数民族文字、外国文字或字母、数字等。不同类型的文字还可以组合使用。文字的组合可以形成有含义的词语，也可以是生造的没有常见含义的词语。但文字商标也有缺点，比如外文商标在中国不便于识别；汉字商标在国外也不便于识别，汉字商标在外国申请注册，一般会被当作图形商标。

图形商标，其优点在于形象生动，便于记忆，不仅具有识别作用，还可给人以美的享受。特别是图形商标不受语言限制，不论在哪个国家，消费者只需看图即可识牌。

图形商标

图形商标的取材范围非常广泛，既可以是风景画、动植物等具体形象图形，也可以是某种记号、符号、几何图形等抽象造型构图，还可以是卡通形象或艺术化的肖像图案等。图形商标的缺点是不便于呼叫，特别是比较抽象的图形商标，没有具体的称谓，妨碍人们的口头交流，可能会影响广告宣传或商品的销售。

立体商标，是指立体形状的商标，是由三维标志或者含有其他要素的三维标志构成的商标。立体商标可以是商品本身（包括商品某一部分）的形状、商品的包装物或者其他与商品无关的立体形象。

商品本身的形状　　　商品包装物　　　与商品无关的立体形象
（巧克力）　　　　　（酱油）　　　　　（米其林轮胎人）

组合商标，是指用文字、图形、字母、数字、三维标志和颜色组合等其中任何两种或两种以上的要素组合而成的商标。组合商标综合了不同类型商标的不同特点，图文并茂，形象生动，引人注意，易于识别，便于呼叫，能更充分地发挥商标的识别和区分功能。

组合商标

声音商标，是由用以区别商品或服务来源的声音构成的商标。声音商标可以由音乐性质的声音构成，例如一段乐曲；也可以由非音乐性质的声音构成，例如自然界的声音、人或动物的声音；还可以由兼有音乐性质与非音乐性质的声音构成。我国从2014年5月1日起开始接受声音商标注册，首例注册成功的声音商标是原中国国际广播电台申请注册的"中国国际广播电台广播节目开始曲"。此外，2018年10月，北京市高级人民法院终审判决，认定腾讯公司申请的"嘀嘀嘀嘀嘀嘀"声音商标具有显著性，支持QQ提示音注册商标。这也是我国商标法领域经司法判决的首例声音商标案件。

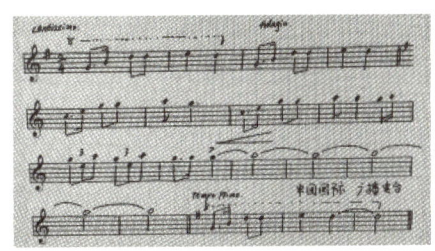

中国国际广播电台广播节目开始曲

事例分享1-3

米高梅公司"狮子吼"声音商标

加拿大知识产权局曾坚持声音不能作为商标注册,但在2012年3月28日宣布,接受以声音为基础的商标注册申请。

加拿大知识产权局的这一决定是其与米高梅公司长达20年纠纷的结果。众所周知,米高梅公司出品的电影片头,总会有一种标志性的狮子吼叫声。据查证,至少从1928年开始,米高梅公司就在影院里使用这一声音了。但直至1992年,该公司才试图将其标志性的"狮子吼"声音注册为商标。

"狮子吼"电影片头

以使用对象区分商标

以使用商标的对象是有形的还是无形的来区分,商标可以分为商品商标和服务商标。

商品商标,是历史最悠久的商标类型,主要用于区别同类商品的不同生产者。

服务商标,与商品商标的区别在于使用它的对象提供的不是商品,而是服务。同学们可以根据"ICBC""新东方""中青旅"等标志找到相应的银行、教育服务机构和旅游公司。服务一般都是无形的,表现为人的行为。因此对服务商标而言,无法像标识商品商标那样采取贴附、刻印或编织等方式将商标直接附着在商品上,但可

商品商标

以通过在服务场所的牌匾或招牌、服务人员的服装上使用商标等方式进行标识。中国于1993年正式开始受理服务商标注册申请。

服务商标

以功能区分商标

以功能来区分，商标可以分为普通商标、集体商标和证明商标。

集体商标，是指以团体、协会或者其他组织名义注册，供该组织成员在商事活动中使用，以表明使用者在该组织中的成员资格的标志。

集体商标

证明商标，是指由对某种商品或者服务具有监督能力的组织所控制，该组织以外的单位或者个人使用于其商品或者服务，用以证明该商品或者服务的原产地、原料、制造方法、质量或者其他特定品质的标志。食品包装上的"绿色食品"标志就是证明商标。

证明商标

集体商标与证明商标的共同点在于二者都是多个商品生产者、经营者或者服务提供者共同使用的商标。不同点包括：第一，集体商标表示商品或者服务来自同一组织；证明商标表示商品或者服务具有某种特定品质。第二，集体商标只供该组织成员使用，该组织以外的人员不得使用，属于封闭的"俱乐部"型；而证明商标则是开放的体系，只要证明商标的注册人以外的其他人提供的商品或者服务符合证明商标使用条件，就可以要求使用该证明商标。第三，集体商标的注册人可以在自己提供的商品或者服务上使用该集体商标；证明商标的注册人不能在自己提供的商品或者服务上使用该证明商标。

地理标志

生活中还有一种以商品产地命名的特殊标志，像"库尔勒香梨""金华火腿""安溪铁观音""漳州水仙花""西湖龙井""阳澄湖大闸蟹""香槟"等，这些标志就是地理标志。**地理标志**，是指标示某商品来源于某地区，该商品的特定质量、信誉或者其他特征主要由该地区的自然因素或者人文因素所决定的标志。

地理标志可以作为集体商标或者证明商标申请注册。获得地理标志集体商标或者证明商标注册的商品，可以标注中国地理标志专用标志。

中国地理标志专用标志

资料卡：地理标志

WTO在《与贸易有关的知识产权协定》（TRIPS）中，对地理标志的定义为："地理标志指识别一货物来源于一成员领土或该领土内一地区或地方的标识，该货物的特定质量、声誉或其他特性主要归因于其地理来源。"地理标志是知识产权的保护对象之一。将地理标志以集体商标或证明商标的形式申请注册是地理标志保护模式的一种。通过申请注册地理标志集体商标或证明商标，可以合理、充分地利用与保护自然资源、人文资源和非物质文化遗产资源，直接帮助农民或手工艺品生产者创造更高的经济价值，同时还可以带动旅游业等相关行业同步发展，有效地保护优质特色产品，促进特色行业的发展，促进经济和文化进步。

"吊柿饼"是陕西富平县的传统习俗。成熟的柿饼经过晾晒，一排排整齐地从架上垂挂下来，如一面面橘黄色珠帘。在2017年被授权使用"富平柿饼"地理标志证明商标前，当地的柿饼产品市场价格为每斤10元左右，2020年当地的柿饼产品已经可以卖到每斤

吊柿饼

15元左右。不仅如此，富平柿饼的知名度和声誉不断提升，市场需求量迅速扩大，产品畅销全国各地并出口至韩国、日本、俄罗斯等国家，有效带动了周边村庄的贫困家庭解决就业问题，使其逐步走上脱贫致富之路。截至2020年10月底，我国累计注册地理标志商标5935件，据统计，我国地理标志产品的相关产值已经突破了1万亿元。发展地理标志特色产业已经成为各地发展区域特色经济、实现脱贫致富的一条重要途径。

分析思考

想一想，常见的商标分类方法有哪些？你能画一张思维导图进行说明吗？请对每一类商标进行举例说明。

第四节 商标的价值

商标作为区分商品或服务来源的识别标志，来源识别功能是其最基本的功能。此外，商标还有品质保障、商誉承载等功能。

商标体现着商品的信誉，而信誉是与商品质量紧密联系在一起的。凭借商标，消费者可以将特定商品的品质与生产者的信誉联系起来，认牌购物，作出购买选择。一个有影响力的商标，能带动商品畅销，给商品生产者带来巨大利润。商标的这些作用也有利于消费者维护自己的利益，因为使用商标能促使生产者保证商品质量；如果商品出了问题，消费者可以依其商标找到生产厂家，这也有利于激励企业提高商品质量、积累商誉。因此，商标能帮助企业拓展市场，提升商品附加值，增强市场竞争力，是企业不可或缺的无形资产。

商标不仅具有经济价值，还承载着文化价值和创新发展价值。

商标的经济价值

商标所有人通过商标的创意、设计、申请注册、广告宣传和使用，发挥商标的来源识别功能，使社会公众在心目中逐步建立特定商标与特定商品或服务的固定联系，逐步积累商标的知名度和美誉度，从而实现消费者认牌购物，并激发消费者再次购买的欲望，商标所有人的市场竞争优势会因此越来越大，经济效益也会越来越好。正是因为商标具有帮助商品生产者或服务提供者巩固消费群体的作用，所以说商标具有经济价值。

商标只有通过使用才能产生经济价值。如果拥有一个好的商标却不去经营它，不去宣传它，不去保护它，那么，它的市场影响力就无法形成；如果只申请注册商标却不踏踏实实地投入使用，那只是商标炒作，投机取

巧。神舟飞船升空、奥运夺金热潮，几乎每一个社会热点事件发生后，都会引起一轮商标注册申请的热潮。但是，这种商标热炒行为正当吗？要知道，投机取巧是无法铸就百年老号、世界名牌的。

问题讨论

有消息称，侯某于2007年在白酒商品上申请注册了"莫言醉"商标。2012年莫言获得诺贝尔文学奖后，该商标的转让价格被热炒至1000万元。你怎么看待这一现象？请查询相关资料，说一说你对商标价值的理解。

商标的文化价值

商标不仅代表着商品或服务的市场定位，还代表着企业的市场形象和企业文化，具有文化和情感内涵。历史悠久的商标还起着凝聚专业精神、传承行业文化的作用。因此，商标具有文化价值。认可商标背后无形的文化价值，使商标与使用该商标的商品或服务在消费者心目中形成特定的精神象征。例如，不同的汽车商标代表了不同的产品特性、设计理念、文化背景和心理目标，消费者可以根据自身的需要进行选择。

事例分享1-4

"全聚德"商标的含义

全聚德始创于1864年。最初定名"全聚德",一是创始人杨全仁名字中正好也有一个"全"字;二是"聚德"取聚拢德行之意,表明自己以德经营。全聚德之所以能够成为中华餐饮业发展中最具代表性的企业之一,是因为其不仅恪守"鸭要好、人要能、话要甜"的老生意经,更秉承了周恩来总理诠释的"全而无缺、聚而不散、仁德至上"的核心价值观,确定了"老字号精品化、品牌系列化"的发展战略,用诚信和品质传承和创新中华美食文化。

商标的创新发展价值

当今社会科技发展突飞猛进,产品更新换代频繁。任何企业的产品创新、商业模式创新等,最终都要借助自己特定的商标进入市场,参与竞争。特别是当企业的商标经过使用累积了一定的信誉之后,会使消费者产生一定程度的信任和追随心理,会增强对消费群体的巩固和连接作用。因此,商标具有带动创新发展的价值。很多成功的企业虽然不断推出新产品,商标却始终不变,消费者因此会非常信赖,乐于购买。具有公众认可度的商标在新产品推广过程中发挥着重要作用,可以带动企业进入更广阔的天地,其价值及增值功能不可估量。因此,商标有助于促进创新发展和市场竞争,从而有利于提升国家整体的经济实力与综合国力。

资料卡:2010—2020年全球增速最快品牌榜

根据全球领先的第三方企业品牌评估及战略咨询公司Brand Finance的评估榜单,在2010—2020年中,中国品牌的总价值在

商品、服务与商标

2010—2020年全球增速最快品牌前十名

排名	品牌	增速	品牌价值	国家
1	Alibaba.com	2020: +4029%	$18,819M*	
2	 贵州茅台集团	2020: +3460%	$39,332M	
3	 网易 NetEase	2020: +2995%	$13,026M	
4	Tencent 腾讯	2020: +2310%	$44,091M	
5	 五粮液 WU LIANG YE	2020: +1634%	$20,872M	
6	 amazon	2020: +1555%	$220,791M	
7	CNOOC	2020: +1465%	$6,430M	
8	 泸州老窖 LUZHOULAOJIAO	2020: +1460%	$5,625M	
9	MCC	2020: +1297%	$5,748M	
10	洋河股份 YANGHE	2020: +1283%	$7,666M	

*"M"表示"百万"。

"Brand Finance全球品牌价值500强"排行榜中的增长速度最快。在2010—2020年全球品牌价值增长最突出的十个品牌中,中国品牌占据了九个。阿里巴巴是中国品牌价值高速增长的代表之一,2020年其品牌价值达到188亿美元,其品牌价值较2010年有了巨大的提升,增幅位列全球第一。

2020年全球十大最有价值品牌

1 ← 1
2020: $220,791M*
2019: $187,905M +17.5%

2 ↑ 3
2020: $159,722M
2019: $142,755M +11.9%

3 ↓ 2
2020: $140,524M
2019: $153,634M -8.5%

4 ← 4
2020: $117,072M
2019: $119,595M -2.1%

5 ← 5
2020: $94,494M
2019: $91,282M +3.5%

6 ↑ 8
2020: $80,791M
2019: $79,823M +1.2%

7 ← 7
2020: $79,804M
2019: $83,202M -4.1%

8 ↑ 11
2020: $77,520M
2019: $67,867M +14.2%

9 ↑ 14
2020: $69,041M
2019: $57,626M +19.8%

10 ↑ 12
2020: $65,084M
2019: $62,278M +4.5%

*"M"表示"百万"。

2020年，在科技行业品牌价值普遍下滑的趋势下，华为在经受美国的打压下，仍然实现了逆势上升，其品牌价值较2019年增长4.5%，达到650.84亿美元，首次跻身全球最有价值的十大品牌之列。

为了区分不同的商品或服务,商品生产者、经营者或服务提供者会选择对自己的商品或服务使用商标。

在本章,你将会了解注册商标和未注册商标;注册商标的特征;如何申请注册商标;其他商标授权确权程序。

商标所有人在设计、注册、宣传、使用、管理和保护自己商标的过程中，付出了大量智力劳动，因此，其有权享有商标使用带来的经济利益和其他利益。商标权是一种无形财产权。商标权有注册取得或使用取得的不同法律制度，我国主要采取商标注册制度。商标获准注册后，商标所有人即享有注册商标专用权。

本章知识结构

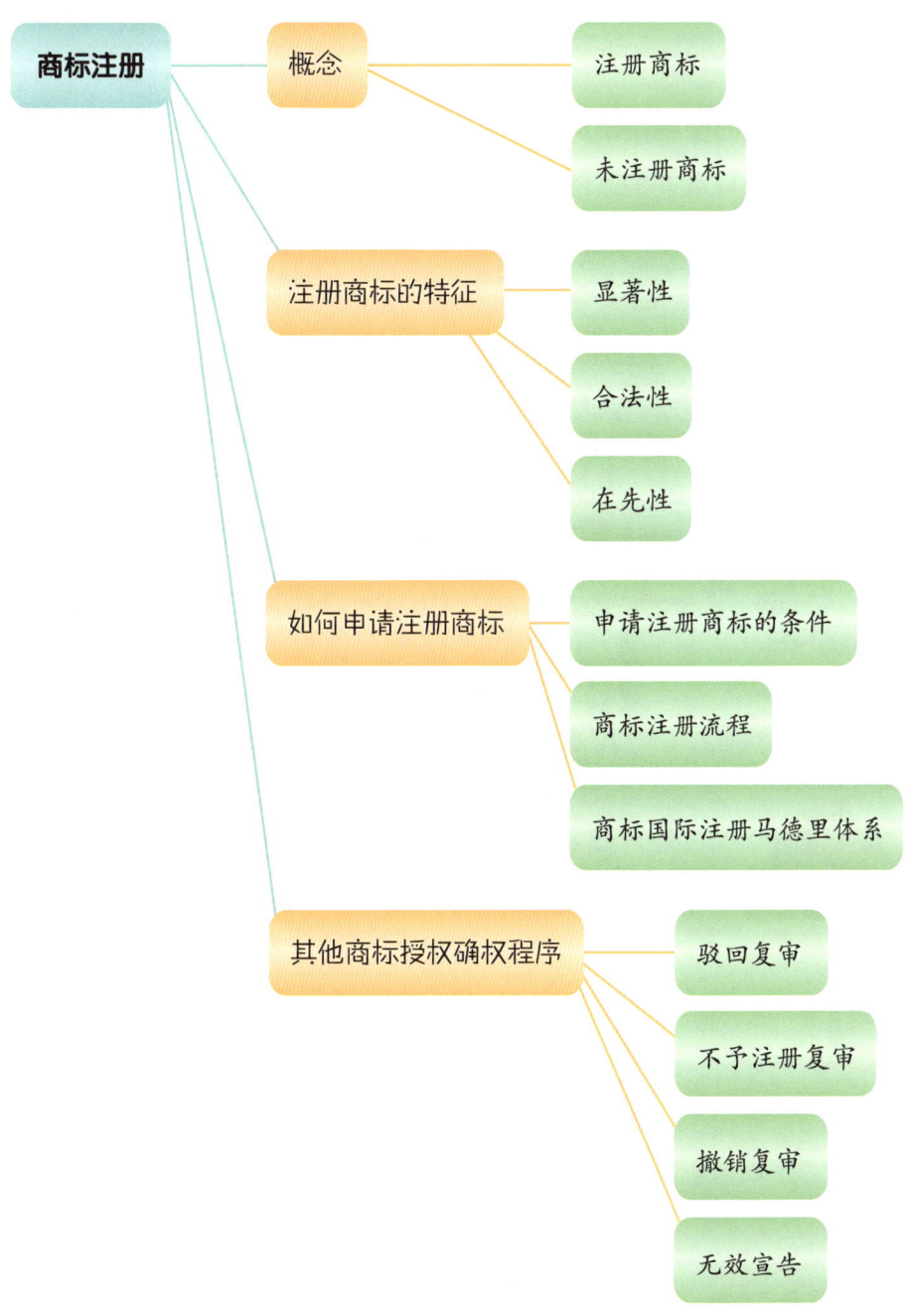

第一节
注册商标和未注册商标

商标所有人向国家知识产权局商标局（以下简称商标局）提出商标注册申请，经商标局审查予以核准使用于特定商品或服务上时，该商标就成为**注册商标**，受法律保护。也有一些商标，已经在市场上使用，但商标所有人并未向商标局提出注册申请，这类商标就是**未注册商标**。

我国实行商标"自愿注册原则"，企业或个人可以自主决定是否对其使用的商标申请注册。虽然未注册商标在一定条件下也可以受到法律保护，但是注册商标可以使商标所有人获得最大程度上的法律保护。首先，注册商标享有专用权，只有拥有这一商标的企业或个人才可以使用或许可他人使用，任何企业或个人都不得擅自使用他人注册商标。其次，对注册商标的保护还可以阻止诸如假冒者之类的不正当竞争者

使用相同或近似的标记来推销低劣或不同产品或服务的行为，从而维护商标所有人的信誉和形象。

使用注册商标，可以在商品、商品包装、说明书或者其他附着物上标明"注册商标"或者注册标记®。

商品、服务与商标

资料卡：商品包装上的®或TM的含义

®标记

"R"是英文"register"的首字母，"register"的中文意思是"注册"。商品或服务打上®这个标记，就是告诉人们，它所标注的图形或文字不但是商标，而且还是注册商标，受法律保护。未经授权，任何个人或组织都不能擅自使用。

TM标记

"TM"是英文"trademark"的缩写，"trademark"的中文意思是"商标"。TM不是法定的注册标记。商品或服务打上TM仅表示它所标注的图形或文字是商标，而不是商品名称或其他商业标识。

商标注册成功后，商标所有人可以依法禁止与其注册商标相同或近似的商标在同一种或类似的商品或服务上使用的行为，从而使消费者能够通过商标识别自己心仪的商品或服务。注册商标既是对商标所有人权益的保护，也是对消费者利益的保护，可以使消费者免受假冒、摹仿等不正当竞争行为的误导，有利于维护良好的市场竞争秩序。

第二节
注册商标的特征

商标与我们的日常生活息息相关，是消费者选购商品或服务的重要依据。比如提到"大白兔""徐福记"会想到糖果，提到"比亚迪""大众"会想到汽车，提到"小米""华为"会想到手机。商标是在商品或服务上使用的符号，但并非所有使用在商品或服务上的符号都是商标。只有当这种符号可以起到标示并区分商品或服务来源的作用时，即只有当这种符号与特定商品或服务来源联系在一起、使得消费者可以识别出特定的商品或服务来源时，我们才叫它商标。这种标示商品或服务来源并使之与其他同类商品或服务相区别的作用，就是商标的显著性。此外，注册商标还应具有合法性和在先性。

问题讨论

假如小明家种植的绿色蔬菜要投放市场，需要为之设计一个商标，你希望这个商标包括哪些元素？尝试着设计商标并和同学们分享。

商标的显著性

判断商标是否具有显著性，除了考虑商标标识本身的含义、呼叫效果和外观构成外，还应该考虑该商标使用于哪种商品以及人们的认知习惯等因素。比如，仅由本商品的通用名称、图形构成的商标，或者仅直接表示商品或服务特点的商标，难以使相关公众区分同类商品或服务的来源，因此缺乏显著性。再如，某些符号（如工程坐标图）不符合人们观念里对商标的认识，或者某些商业标识（如商业外观的全标图案）虽然可以起到区分商品或服务来源的作用，但是不符合人们对商标的一般认识习惯，因此，作为商标不易被识别，自然也就缺乏作为商标的显著性。

资料卡：《商标法》节选

第十一条 下列标志不得作为商标注册：

（一）仅有本商品的通用名称、图形、型号的；

（二）仅直接表示商品的质量、主要原料、功能、用途、重量、数量及其他特点的；

（三）其他缺乏显著特征的。

前款所列标志经过使用取得显著特征，并便于识别的，可以作为商标注册。

事例分享2-1

"同仁堂"商标

"同仁堂"商标

"同仁堂"中医药文化是国家级非物质文化遗产之一。同仁堂创建于1669年。在三百多年的风雨历程中，历代同仁堂人恪守"炮制虽繁必不敢省人工，品味虽贵必不敢减物力"的传统古训，秉持两个"必不敢"理念严格选方、制药，确保了同仁堂金字招牌的长盛不衰。"同仁堂"商标采用两条飞龙的图形设计，在中国悠久的历史文化中，龙是至高无上的象征，这两条飞龙代表着源远流长的中国医药文化历史，商标中文字和图形组合构成的整体标志着同仁堂是国之瑰宝，在继承传统制药特色的基础上，采用现代的科学技术，研制开发更多的新药造福人民。

 **分析思考**

下列标志可以作为商标注册吗？为什么？

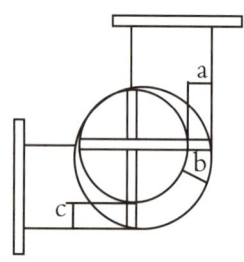

指定使用商品：水泵

指定使用商品：服装

指定使用商品：苹果

 名车快修

指定使用商品：汽车保养和修理

网购

指定使用商品：计算机软件

商标的合法性

注册商标还应具有合法性。合法性即商标的注册和使用不得违反商标法的强制性规定。违反这些规定，商标不仅不能注册，而且不得作为未注册商标使用。不具有合法性的商标主要包括可能破坏社会公共秩序或善良风俗的标志。注册商标还应当基于生产经营的正常需要，不以使用为目的的恶意商标注册申请，也不具有合法性。

 **资料卡：《商标法》节选**

第四条 自然人、法人或者其他组织在生产经营活动中，对其

商品或者服务需要取得商标专用权的，应当向商标局申请商标注册。不以使用为目的的恶意商标注册申请，应当予以驳回。

第十条 下列标志不得作为商标使用：

（一）同中华人民共和国的国家名称、国旗、国徽、国歌、军旗、军徽、军歌、勋章等相同或者近似的，以及同中央国家机关的名称、标志、所在地特定地点的名称或者标志性建筑物的名称、图形相同的；

《商标法》

（二）同外国的国家名称、国旗、国徽、军旗等相同或者近似的，但经该国政府同意的除外；

（三）同政府间国际组织的名称、旗帜、徽记等相同或者近似的，但经该组织同意或者不易误导公众的除外；

（四）与表明实施控制、予以保证的官方标志、检验印记相同或者近似的，但经授权的除外；

（五）同"红十字"、"红新月"的名称、标志相同或者近似的；

（六）带有民族歧视性的；

（七）带有欺骗性，容易使公众对商品的质量等特点或者产地产生误认的；

（八）有害于社会主义道德风尚或者有其他不良影响的。

县级以上行政区划的地名或者公众知晓的外国地名，不得作为商标。但是，地名具有其他含义或者作为集体商标、证明商标组成部分的除外；已经注册的使用地名的商标继续有效。

事例分享 2-2

不具备合法性的商标注册申请被驳回案例

2020年3月3日，商标局对进入实质审查阶段的63件与疫情相关的"火神山""雷神山""钟南山""方舱"等商标注册申请，以易造成社会不良影响为由，适用《商标法》第十条第一款第（八）项，依法作出驳回决定，其中包括27件"火神山"、24件"雷神山"、3件"钟南山"、1件"钟楠山"、3件"方舱"等商标注册申请，涉及41个申请人，23个商品和服务类别。

火神山医院、雷神山医院是武汉抗击新冠肺炎疫情前线医院名称，是疫情防控期间全社会舆论关注焦点，是全国人民团结一心，抗击疫情的重要标志之一。火神山医院和雷神山医院以外的其他申请人将其作为商标注册易造成重大社会不良影响，依法应予驳回。

钟南山是中国工程院院士、著名呼吸病学专家、2003年抗击"非典"先进人物，国家卫生健康委员会高级别专家组组长，也是抗击新冠肺炎疫情的领军人物。他人未经其本人授权将其姓名或者与其姓名非常近似的"钟楠山"作为商标申请注册，易造成重大社会不良影响，依法应予驳回。

新冠肺炎疫情发生后，随着媒体的报道，方舱医院成为社会公众熟知的词汇，"方舱"作为商标申请注册，易造成重大社会不良影响，依法应予驳回。

商标的在先性

注册商标还应具有在先性。一方面，申请注册的商标不应与他人在相同或类似商品上的在先商标相同或近似，因为这样容易导致混淆。在先商标包括已经获准注册的商标、已经提出注册申请的商标或者已经通过实际使用形成一定影响的商标。另一方面，申请注册的商标不得损害他人现有的在先权

利，如字号权、姓名权、肖像权、著作权等。利用他人享有著作权的作品，如文字、图案等作为商标注册的，应事先取得著作权人的许可。

 问题讨论

看一看，下面这几组商标是否容易导致混淆？

事例分享 2-3

联想商标改名

对于"Lenovo"（联想），同学们肯定不陌生。其实，联想原来的英文商标是"Legend"，意为传奇。然而当时在多个国家已有其他企业在先注册使用"Legend"商标，这些在先的商标权利给联想集团的国际业务拓展造成了阻碍。这就体现了商标的在先性，法律保护在先注册、申请或使用的商标。为了开拓更广阔的国际市场，联想集团果断地在全球范围内换标，将英文商标换成更为独特且富有创新精神的"Lenovo"，保留了"Legend"的"Le"，与拉丁语的"Novo"（意为创新）合并。"Lenovo"是一个臆造词，比"Legend"更好听入耳、感觉更有力量，而

且在全球范围内在先权利冲突较少。联想集团能在全球范围内握有一个这样的注册商标，就可以放心大胆地投入资金培育自己的品牌了。

事例分享 2-4

损害他人在先权利的商标注册案例

对于我国已故著名漫画家张乐平笔下的三毛形象，大家一定不会感到陌生。这个头上长着三根头发，有着大大的脑袋、圆圆的鼻子以及瘦瘦的身体的小男孩——三毛的漫画形象，可谓妇孺皆知，该形象的著作权归张乐平先生所有。1995年11月至1996年2月，江苏三毛集团在多个商品和服务类别上申请注册了"三毛"商标，并使用了三毛的漫画形象。后来，张乐平先生的家人向法院起诉，法院审理后认定三毛集团未经著作权人的继承人许可，擅自将三毛漫画形象作为商标使用并申请注册的行为构成侵权，判决三毛集团停止在产品、企业形象上使用三毛漫画形象，并赔偿著作权人的继承人经济损失10万元。

"三毛"商标

第二节 如何申请注册商标

申请注册商标的条件

申请注册的商标须符合《商标法》《商标法实施条例》等我国相关法律法规的规定，并应接受相应的审查。在注册申请的形式方面，申请文件应当齐全，且符合法律规定。在注册申请的内容方面，应具备上一节讲过的注册商标的特征，即商标本身应不包含不得作为商标使用的标志，具有显著性特征，且与他人在同一种或类似商品上已经注册或者申请的商标不相同或不近似，不损害他人在先合法权利。

我国《商标法》规定，自然人、法人或其他组织都可以提出商标注册申请。如果外国人或外国企业的商标需要在中国获得商标法赋予的相关权利，应当按其所属国和中国签订的协议或者共同参加的国际条约办理，或者按对等原则办理。

资料卡：《商标法》对商标申请注册的规定

第四条 自然人、法人或者其他组织在生产经营活动中，对其商品或者服务需要取得商标专用权的，应当向商标局申请商标注册。不以使用为目的的恶意商标注册申请，应当予以驳回。

第五条 两个以上的自然人、法人或者其他组织可以共同向商标局申请注册同一商标，共同享有和行使该商标专用权。

第六条 法律、行政法规规定必须使用注册商标的商品，必须申请商标注册，未经核准注册的，不得在市场销售。

第七条 申请注册和使用商标，应当遵循诚实信用原则。

商标使用人应当对其使用商标的商品质量负责。各级工商行政管理部门应当通过商标管理，制止欺骗消费者的行为。

第九条 申请注册的商标，应当有显著特征，便于识别，并不得与他人在先取得的合法权利相冲突。

商标注册人有权标明"注册商标"或者注册标记。

第十七条 外国人或者外国企业在中国申请商标注册的，应当按其所属国和中华人民共和国签订的协议或者共同参加的国际条约办理，或者按对等原则办理。

中国商标大楼（郭京平摄）

商标的概念不能脱离具体的商品或服务，商品或服务分类是划分商标权利边界的一个基本要素。注册商标需要说明是在什么商品或者什么服务上提出注册申请。注册申请人须按照商标局公布的《类似商品和服务区分表》提出申请注册商标的商品或服务项目名称。如果商标所有人希望自己的商标在其他商品或服务上使用，应该提出新的商标注册申请。

商标注册申请可以自行办理，也可以委托依法设立的商标代理机构办理；商标注册申请可以直接到商标注册大厅办理，或者通过网上申请系统提

商品、服务与商标

交注册申请。2020年，我国商标网上申请比例超过98%。随着商标注册便利化改革的推进，申请人还可以到商标局驻中关村国家自主创新示范区办事处，广州、上海、重庆、济南、郑州五个京外商标审查协作中心，或者地方商标业务受理窗口办理。商标注册申请或其他业务的受理会越来越方便。

商标注册流程

一个商标成为注册商标，通常要经过申请、审查、初步审定并公告、核准注册四个阶段。

中国商标网（http://sbj.cnipa.gov.cn/wssq/）

商标注册申请人除了在设计商标时须考虑商标的显著性、合法性、在先性以外，在正式提出注册申请之前还需要做的一项重要工作就是商标查询。**商标查询**，是指商标注册申请人在提出注册申请前，对其申请的商标是否与他人在先商标相同或近似进行查询的工作。因为我国的商标注册制度主要采用"申请在先原则"，谁申请在先，注册商标权就授予谁。截至2020年11月底，我国累计有效注册商标量为2965.2万件。2020年1—11月，商标注册申请量为840.9万件，这意味着平均每天的商标注册申请量超

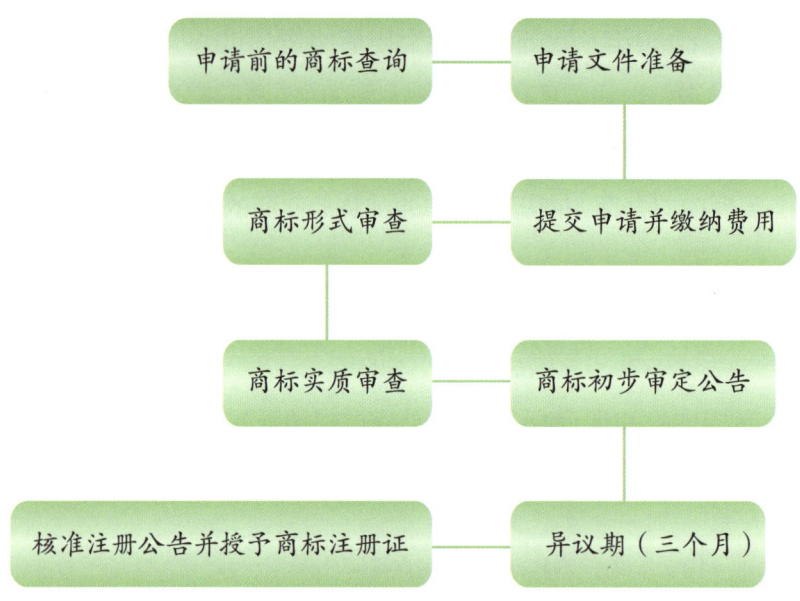

商标注册的流程

过2.5万件。因此，申请人有必要查询准备申请注册的商标是不是已经被别人在先申请了，这样会帮助商标注册申请人提高注册的成功率，避免浪费时间、金钱和精力。如果能在设计商标之前或者在启用新品牌的新产品或者服

务之前进行商标查询，那就更好了。否则，申请人一旦使用了与他人在先商标近似的商标，不仅不能和别人的商品或服务相区别，还可能侵犯别人的注册商标权，要承担法律责任。

商标注册申请应提交的文件一般包括《商标注册申请书》、商标图样和申请人主体资格证明文件。委托商标代理机构办理的，还应提交授权委托书。

商标局在收到商标注册申请文件后，将依据我国《商标法》和《商标法实施条例》的规定进行审查。经审查符合法律规定的，发布初步审

定公告，开始三个月的异议期。公告期满没有异议或者有异议但经裁定异议不成立的，予以核准注册，发给《商标注册证》，并发布注册公告。

商标局还接受国际商标注册申请。如果一个企业希望自己的商品在其他国家销售并且受到当地商标法的保护，就需要将自己的商标在那个国家申请注册。

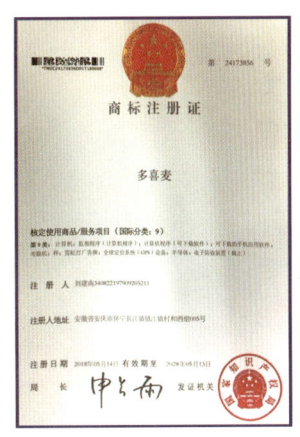

商标注册证

商标国际注册马德里体系

为了方便企业在多个国家申请注册商标，国际社会目前已经形成了商标国际注册马德里体系。该体系使得商标所有人仅通过向一个国家的商标主管机关提交一份申请，而在多个国家获得商标注册保护成为可能，方便商标所有人在全球范围内注册和管理商标。

商标国际注册马德里体系受两个国际条约约束，分别是1891年签订的《商标国际注册马德里协定》（以下简称《协定》）和1989年签订的《商标国际注册马德里协定有关议定书》（以下简称《议定书》）。不论是《协定》成员还是《议定书》成员都可以使用马德里体系，区别在于对于不同的成员，具体注册申请要求不同。目前体系内的国家多数为两个条约的共同成员，个别国家是单一成员。我国1989年加入《协定》，1995年加入《议定书》，是两个条约的共同成员。截至2021年2月24日，马德里体系共有108个成员，覆盖了124个国家。

商标国际注册马德里体系由设在瑞士日内瓦的世界知识产权组织（WIPO）国际局管理。虽然商标在各成员的注册申请最终是被核准还是被驳回，是由各成员的商标主管机关决定，但是，商标注册申请人可以省却逐一国家注册申请的辛苦。

第四节
其他商标授权确权程序

从提出商标注册申请到获准注册的过程中，要经历商标局实质审查和他人异议的考验；而商标获准注册后，也并不意味着从此商标注册人就可以高枕无忧了。

如果商标局经审查认为商标注册申请在显著性、合法性或在先性这三个方面存在问题，就会作出驳回决定。如果他人对初步审定的商标在三个月异议期内提出异议，商标局认为异议成立的，就会作出商标不予注册的决定。如果商标注册后连续三年不使用的，商标局就可能作出撤销注册的决定。商标注册人如果对商标局的这三种决定不服，可以申请复审，这三种决定对应的复审程序分别是**驳回复审**、**不予注册复审**和**撤销复审**。对核准注册的商标，如果事后发现并不符合我们前面讲过的商标注册应具备的条件，具有相应资格的单位或者个人就可以请求宣告这个注册商标无效。这个程序就是**无效宣告程序**。

驳回复审、**不予注册复审**、**撤销复审**和**无效宣告程序**是最主要的四种**商标评审程序**，属于重要的商标授权确权程序。商标评审程序解决的是被商标局驳回或者不予核准注册的商标该不该被初步审定或者核准注册，注册后的商标该不该被撤销或者被宣告无效的问题，是对商标能不能获准注册、注册后能不能维持注册进行判断并作出决定的行为，是商标权取得和维护程序中的重要环节。

当事人对于商标局在上述商标评审程序中作出的决定不服的，还可以向人民法院提起诉讼。

商品、服务与商标

当事人一定不要轻易放弃复审的机会，要把握法律赋予的每一次机会，争取或维护自己的权利。

事例分享 2-5

吉百利巧克力"一杯半牛奶图形"商标获得商标注册

吉百利公司于1993年在巧克力商品上向我国商标局提出"一杯半牛奶图形"商标的注册申请，被商标局驳回。商标局认为这是广告宣传图形，也是外包装装潢图形，而不易被相关消费者识别为商标，因此，缺乏作为商标的显著性。

吉百利公司没有放弃复审的机会，向原商标评审委员会提出驳回复审申请，并提交了大量宣传使用"一杯半牛奶图形"商标的证据。原商标评审委员会经审理认为，"一杯半牛奶图形"并不是食品行业的通用图形，通过吉百利公司在促销、广告等活动中的长期独家使用，已经使消费者在心目中建立起与其特定的联系，因此具有了区分商品来源的识别作用，具备了商标应有的显著性特征。

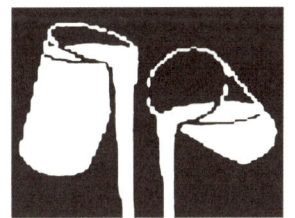

"一杯半牛奶图形"商标

吉百利巧克力

此外，这些商标评审程序也为真正的商标所有人主张自己的权利提供了机会。如果商标注册申请确实不符合商标注册的条件，商标的真正所有人可以在商标获准注册前提出异议，或者在商标获准注册后申请宣告其无效。这是商标主管机关商标注册审查程序的延续或事后纠错，并且体现了我国商标注册制度在主要采取申请在先原则的同时，在商标注册和使用的各个环节也始终贯彻诚实信用、维护公序良俗的原则。

资料卡：商标异议或无效的几种主要情形

（1）与他人在同一种或类似商品或服务上的在先商标相同或近似；

（2）应禁止使用的商标，比如带有欺骗性，易使公众对商品的质量等特点或者产地产生误认的，有害于社会主义道德风尚或者有其他不良影响的；

（3）缺乏显著性；

（4）复制、摹仿或者翻译驰名商标，容易导致混淆的，或者误导公众从而损害驰名商标所有人利益的；

（5）抢注被代理人、被代表人或特定关系合作方的商标；

（6）损害他人现有的在先字号权、著作权、外观设计专利权、姓名权、肖像权、有一定影响的商品或者服务名称、包装装潢等在先权利，或者损害他人在先具有较高知名度的作品名称、作品中的角色名称等在先权益；

（7）以不正当手段抢先注册他人已经使用并有一定影响的商标；

（8）不以使用为目的的恶意商标注册申请，以欺骗手段或者其他不正当手段取得注册的情形。

如果商标注册时采用了不正当的手段或者不符合我们前面讲过的商标注册的条件，那么，即便商标已经注册完成、取得商标注册证，也依然有可能会被宣告无效，这就是**无效宣告程序**。一旦注册商标被宣告无效，则其商标权会被视为"自始即不存在"，也就是说，会被认为这个商标的专用权从来就没有存在过。

无效宣告申请一般只能自商标注册之日起五年内提出，只有个别情况下，才不受五年的期限限制。这是因为，有的商标可能核准注册不久，还

未曾建立起市场信誉，而有的商标可能已经有多年的注册及使用历史，积累了商誉，注册商标专用权一旦被宣告无效，对这两种情形下的商标注册人所带来的影响会有很大的不同。为维护商标权利状态和商标注册制度的稳定性，并敦促商标的真正所有人及时、积极地主张自己的商标权利，许多国家都规定了提起商标无效宣告程序的期限限制。因此，这就提醒商标权利的真正所有人，一旦发现他人的不法注册行为，一定要及时启动无效宣告程序维护自己的权利。只有注册商标为恶意注册他人驰名商标，或者不具有合法性或显著性，或者是以欺骗手段或者其他不正当手段取得注册的，才不受五年的期限限制。

事例分享2-6

"蜡笔小新"商标争议案

下图中左边的卡通人物是日本动漫《蜡笔小新》中的主角——野原新之助，大家更熟悉的应该是他的昵称"小新"，以及他浓密的眉毛和短短的和尚头发型。《蜡笔小新》漫画作品的作者是日本公民臼井仪人，经他许可，日本出版社双叶社获得了《蜡笔小新》作品的著作权和其他相关权利。1992年至2005年，《蜡笔小新》系列漫画由双叶社出版，在日本广泛发行。1994年以后，双叶社通过许可出版的方式，将《蜡笔小新》系列漫画在中国香港和中国台湾地区发行。《蜡笔小新》动画片也随之在日本、中国香港和中国台湾地区播放。由于动漫作品大受欢迎，"蜡笔小新"形象还被广泛地使用在文具、玩具、服装、运动用品等多种商品上。

但当双叶社进入中国大陆市场后，发现自己享有著作权的

作品已被他人注册为商标，其中包括第1033444号蜡笔小新图形商标。这件商标早在1997年就获准注册，核定使用在第25类服装等商品上，并且已经续展。双叶社向原商标评审委员会提起争议，申请宣告这件商标的注册无效。

原商标评审委员会经审理查明，申请注册第1033444号蜡笔小新图形商标的注册人在服装、眼镜、游戏机、手提包等多种商品上共注册九件蜡笔小新图形或文字商标，并在抢注后转卖牟利。不仅如此，这个注册人还在多个商品或服务类别上申请注册了"SNOOPY""史努比""WALT DISNEY""Burberrys""CHANEL""Gillette""VOLVO""高露洁""Calvin Klein""FENDI"等多件商标。这些商标都已被相关权利人提出异议、异议复审申请或以注册不当为由提出无效宣告请求，商标局及原商标评审委员会均认定注册人的行为属于恶意复制、摹仿他人知名商标，违反诚实信用原则，对上述这些商标分别作出不予核准注册、撤销注册的裁定。

依据上述事实，原商标评审委员会认为，注册人具有大批量、规模性抢注他人商标并转卖牟利的行为，情节恶劣且严重。"蜡笔小新"文字及图形作为作品具有独创性，且在第1033444号蜡笔小新图形商标申请之前，在日本、中国香港和中国台湾地区就已具有较高知名度，注册人位于与香港毗邻的广州，应当知晓"蜡笔小新"的知名度情况，仍然将与"蜡笔小新"文字或卡通形象相同的文字或图形作为商标在中国大陆地区申请注册，明显具有侵害他人权利、抢注他人商标的恶意，有违诚实信用原则，扰乱了商标注册管理秩序和社会公共秩序，损害了公共利益，构成"以其他不正当手段取得注册"的情形。第1033444号蜡笔小新图形商标的注册被宣告无效。

商品、服务与商标

使用注册商标，不仅是商标注册人的权利，更是其义务。对已经取得商标专用权的注册商标，使用商标是维持商标注册的必要条件。如果注册商标获准注册后连续三年停止使用，商标注册人又未提出不使用的正当理由，其商标注册就有可能被依法撤销。商标注册人如果对撤销决定不服，可以申请撤销复审。

之所以设置这种连续三年停止使用的撤销制度，是因为商标的生命在于使用。如果一个商标注册以后长期搁置不用，不仅无法发挥该商标应有的区分商品或服务来源的识别作用，还会阻碍有正常使用需求的其他人使用和注册近似的商标，浪费了有限的商标资源，不利于经济发展。而通过连续三年停止使用的撤销制度，可以及时清除商标注册库中闲置不用的"死商标"，将市场上已经"死亡"的商标从商标注册簿上清除，为真正有使用需求的在后商标注册申请人扫清障碍，有利于商标资源的合理配置和有效利用，有利于发挥商标应有的作用，有利于维护市场竞争的活力与公平。

这些商标授权确权程序作为法律规定的解决商标权属纠纷的行政程序，也是我们下一章将要讲到的商标专用权保护的基础，因为确定的权利状态和明确的权利范围，是商标权得以发挥作用并得到有效保护的基本前提。

我国商标法明确规定，销售侵犯注册商标专用权的商品，伪造、擅自制造他人注册商标标识等行为都属于侵犯商标权的行为。

保护商标所有人的正当权益，对于维护市场经济秩序、鼓励创新和诚信经营、保护消费者权益都具有重要意义。商标与我们的日常生活息息相关，如果商标权得不到有力的保护，说不定大家的衣食住行中就会有假冒伪劣商品的出现。每个人都应该行动起来，尊重他人的商标权，维护市场公平竞争秩序。在本章，你将会了解商标权的内容和特点，保护商标权的意义以及商标专用权保护的相关知识。

本章知识结构

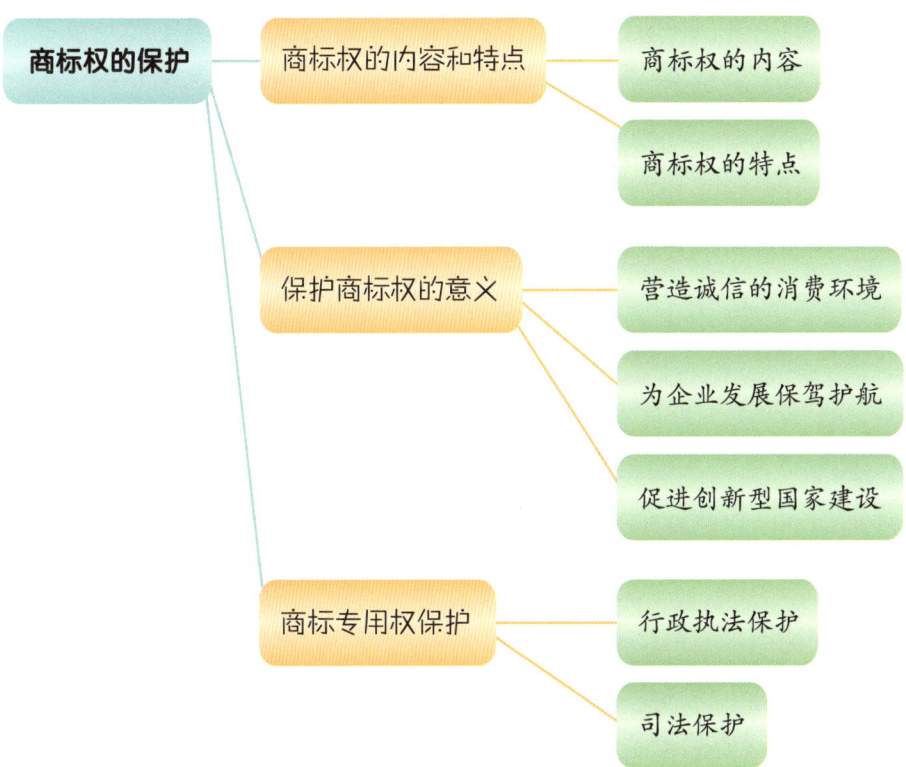

第一节 商标权的内容和特点

商标权，是指商标所有人在一定地域范围内，依法直接支配特定商标，并排除他人非法干涉的权利。商标所有人为了出售更多的商品或者提供更多的服务，通常会通过技术革新、广告宣传、售后服务等手段，提高相关商标的知名度，使得消费者可以认牌购物，信赖某种商标所标示的商品或者服务，这就是我们通常所说的"商誉"。通过商标使用凝结而成的"商誉"是商标权的权利基础，商标权能为商标所有人带来经济收益，主要也是因为"商誉"。

商标权的内容

注册商标的权利人享有的权利主要包括对其注册商标的专有使用权、禁止权、许可使用权和转让权等。商标权作为一种财产权，权利基础来自商标的实际使用，与商标是否注册没有必然关系。但是注册商标比未注册商标享有更多的法律保护，注册商标在转让和许可时也更加方便。注册商标是企业可以留传后世、永续存在的最重要的无形资产之一，具有排他性、地域性和时间性。

注册商标专有使用权，是指商标权人可在核定使用的商品或服务上享有该商标的使用权，并通过使用获得合法利益的权利。这种权利是独占的、排他的，这意味着未经授权，任何单位或个人不得在同一种或类似商品或服务上使用与其注册商标相同或近似的商标。商标权人也可以将自己的注册商标许可他人使用或通过合法程序转让给他人。

问题讨论

随着北京2022年冬奥会和冬残奥会的临近，奥运标志也成为不法者侵权的目标。2016年，某国际收藏品有限公司未经特殊标志持有人许可，与某电信公司围绕"2022年北京—张家口冬奥会"主题合作推出八个企业联名卡项目。这种行为是否侵权？如果侵权，侵犯了什么权利？请分析这种侵权行为的危害。

上一章中提到，注册商标后使用商标，不仅是商标注册人的权利，更是商标注册人的义务。商标只有通过使用，才能发挥其区分商品或服务来源的识别作用，才能发挥商标的价值。因此，我国《商标法》第四十九条规定，注册商标连续三年不使用的，任何单位或者个人可以向商标局申请撤销该注册商标。同时，未实际使用的注册商标，一旦发生侵权，是不能获得损害赔偿的。

禁止权，是指对他人在同一种或类似商品或服务上擅自使用与其注册商标相同或近似商标的行为，商标注册人有权予以制止。具体表现为禁止他人非法使用、印制注册商标标识及其他侵权行为。禁止权的效力涉及以下四种情形：第一，在同一种商品或服务上使用相同商标；第二，在同一种商品或服务上使用近似商标；第三，在类似商品或服务上使用相同商标；第四，在类似商品或服务上使用近似商标。第一种通常被称为"假冒商标"行为，判断后三种行为是否侵权还需要考察这些使用行为是否容易导致混淆。

分析思考

下图中的商品是侵权商品吗？

通过小米手机和小米智能家居产品，很多人对"小米"商标很熟悉。小明在市场上还发现了不少"小米"牌商品，他挑选了一种和大家分享，希望同学们能帮他判断这个商品是否属于正规商品，有没有商标侵权行为。请结合你了解的商标知识帮他解答。

"小米"牌商品

许可使用权，是指注册商标所有人通过签订许可使用合同，许可他人使用其注册商标的权利。许可使用是注册商标所有人行使其权利的一种重要方式。许可人是注册商标所有人，被许可人根据合同约定支付商标使用费后，有权在合同约定的范围和期限内使用该注册商标。注册商标所有人许可他人使用自己的注册商标，应当监督被许可人使用其注册商标的商品质量或服务品质。被许可人经许可使用他人注册商标的，必须在使用该注册商标的商品或服务上标明自己的名称和商品产地，这样可以保证消费者的知情权。

事例分享3-1

"真功夫"商标的许可使用

"真功夫"商标

"真功夫"商标的注册人是广州市真功夫餐饮公司，它先后许可北京真功夫公司、广州真功夫公司、上海真功夫公司、宁波海曙好功夫公司、广州市越秀区好宜多快餐店等众多企业使用"真功夫"商标。通过许可使用，截至2014年3月，真功夫门店数量达570家，遍布全国40个城市，成为知名的中式快餐连锁企业。

问题讨论

同学们找一找自己常喝的牛奶的盒子、喜欢吃的零食的包装，看看上面标注的商标注册人是谁，实际生产的企业又是哪一家。

商标转让，是指注册商标所有人按照一定条件，依法将其商标权转让给他人的行为。转让是注册商标所有人行使其权利的一种方式，商标权转让后，受让人取得注册商标所有权，原来的商标权人丧失商标专用权，即商标权从一个主体转移到另一个主体。转让注册商标，双方当事人应签订转让协议，并共同向商标局提出申请，经核准公告后，受让人才享有商标专用权。

商标权的特点

商标权的地域性，是指在一个国家取得的商标权只在该国管辖范围内获得保护，在其他国家并不受保护。申请人如果希望在其他国家取得商标权，就必须依据那个国家的法律寻求保护。

事例分享3-2

苹果公司首款智能手表改名

2014年，美国苹果公司拟推出首款智能手表，最初命名为"iWatch"，并计划在全球销售。为此，苹果公司需要在全球范围内注册iWatch商标。而瑞士知名手表制造商Swatch（斯沃琪）已在多个国家和地区在先申请注册"iSwatch"和"Swatch"商标。斯沃琪认为"iWatch"与其"iSwatch"和"Swatch"商标过于相似，容易造成混淆。综合考虑后，苹果公司推出首款智能手表时，将其改名为"Apple Watch"。

我国企业为向外出口商品，其商标无论是否已在本国取得注册，均应尽早将该商标在商品将销往的国家或地区申请注册，否则，该商标一旦被他人在先注册，相应的出口商品便不能使用该商标在该国出售。例如"同仁堂""王致和"这样的老字号就曾经分别在日本、德国被其他企业抢先注册。我国市场监督管理部门非常重视健全完善商标海外维权工作机制，畅通维权渠道，支持中国企业和中国品牌"走出去"，不断提升中国品牌的国际形象和影响力。

事例分享 3-3

"王致和"商标国外维权案

"王致和"是一家有着三百多年历史的中华老字号，主要经营腐乳、臭豆腐，曾获得"中国驰名商标"称号。2006年7月，当王致和集团拟在三十多个国家进行商标注册时，却发现"王致和"商标在德国已被一家名为"欧凯"的公司抢注。在与欧凯公司协商未果的情况下，王致和集团于2007年向德国慕尼黑地方法院提起诉讼，要求判定欧凯公司无偿归还商标并予以赔偿。历经两年，德国慕尼黑高等法院作出终审判决，要求欧凯公司停止在德国使用"王致和"商标，并注销它在德国抢注的"王致和"商标。"王致和"商标最终物归原主。据称，"王致和"商标国外维权案是中国加入世界贸易组织后，中华老字号企业海外维权第一案。

"王致和"商标

商标权的时间性。我国《商标法》规定，注册商标有效期为十年，自核准注册之日起计算。注册商标有效期满后需要继续使用的，商标注册人应当在期满前十二个月内申请续展注册。在此期间未能提出申请的，还有六个月的宽展期。宽展期内仍未提出申请的，期满后商标局将予以注销。

商品、服务与商标

第三章 商标权的保护

第二节 保护商标权的意义

商标作为一种标识,最重要的作用在于帮助消费者区分不同的商品或服务。保护商标权就是保护商标所有人的商标专用权和对商标处置的权益。商标的专用权得到保护时,消费者能够通过商标准确辨识商品。当商标的处置权益得到保护时,商标所有人的投入和经营才能得到更全面的保障,从而保护企业发展,促进经济繁荣。

保护商标权可以营造诚信的消费环境

使用商标开展生产经营、积累商誉需要付出大量智力劳动,是企业成本的重要组成部分。虽然使用假冒商标的商品并不一定和劣质画上等号,但是使用假冒商标的商品,一方面直接进入生产环节,使企业成本降低从而利润增加;另一方面,所生产的产品质量和信誉都假冒拥有该商标企业的名义,对产品品质并不负责,因此,这些企业在利润的驱动下往往会提供低品质产品。对普通消费者而言,如果我们购买假冒商标的商品或服务,就是在支持商标侵权行为,打击正规企业的发展。当企业创新缺乏动力,不再改进商品或服务,消费者获得的商品或服务质量可能就会下降。因此,拒绝假冒商标的商品和服务,也是对消费者自身的保护。

事例分享 3-4

姚某等五人假冒注册商标案

2015年至2019年4月,被告人姚某安排被告人古某购进打印机、标签纸、光纤模块等材料,伪造"CISCO""HP""HUAWEI"光纤模块等商品,并安排人向境外销售,共生产、销售假冒上述注册商标的光纤模块10万余件,销售金额共计3162万余元。执法人员现场扣押假冒光纤模块、交换机等11975件,价值383万余元;姚某、古某的违法所得数额分别为400万元、24万余元。

依据我国《商标法》,未经注册商标所有人许可,假冒在我国注册的商标的商品,无论由境内生产销往境外,还是由境外生产销往境内,均属侵害注册商标专用权的行为,损害注册商标所有人商品信誉;情节严重的,构成犯罪。2019年12月,山东省日照市东港区法院作出一审判决,以假冒注册商标罪分别判处被告人姚某、古某有期徒刑二年二个月至四年不等,对姚某判处罚金500万元,对古某等四人各处罚金14万元至25万元不等,有力地惩治了跨境侵犯注册商标类犯罪,有利于营造良好营商环境。

假冒商标的产品不仅损害被仿冒企业的声誉和利益，还会损害消费者的权益。如上述案例中的消费者可能从此对购买类似商品的真伪问题心存芥蒂，产生市场上假货横行的印象，对相关企业的信任度也会大打折扣。因此，侵犯商标权的行为不仅损害了公平竞争的市场秩序，同时也对以诚信为基础的消费环境产生了负面影响。

我们应该积极了解商标知识，通过商标名称和表现形式，结合前面讲过的其他商业标识的内容来辨别不规范产品，尽量避免购买侵犯商标权的商品和假冒伪劣商品，维护自身合法权益，压缩不良商家的利润空间。

保护商标权可以为企业发展保驾护航

对于企业来说，当消费者看到其商标时产生的积极评价和购买意愿是商标最大的价值。商标不仅能够帮助企业形成和维护消费群体，稳定和提升市场份额，还可以为企业发展提供多方面保障。为了维护商标的声誉，企业会在技术创新、产品创新、服务质量提升等方面投入成本和劳动，从这方面来说，商标的维护和企业的发展是紧密结合在一起的。商标是企业形象和信誉的集中表现，商标和其他商业标识综合应用，结合企业的多种营销活动，共同形成了企业的品牌形象。良好的品牌形象可以增强消费者对商标的忠诚度，促进消费者反复购买。企业为了运用、管理和保护商标需要进行持续投入，也因此获取商标使用带来的种种收益，这就是保护商标权的核心意义。

企业只有在自身实力发展的同时充分注重知识产权保护，才能在市场竞争中逐步壮大。企业需要主动申请商标注册，最好是在多元化经营可能涉及的多种商品或服务类别上注册自己已经使用或即将使用的商标，为未来的经营拓展提前布局。当商标被侵权时，企业要积极拿起法律武器进行维权，及时采取正确措施保护自己的商标。这也是在保护企业宝贵的无形资产，无论是对企业的发展还是对企业的信誉都是至关重要的。

保护商标权可以促进创新型国家建设

任何企业的产品创新、技术创新、商业模式创新等，最终都会体现为以自己独有的商标品牌进入市场，参与竞争。因此，要树立保护知识产权就是保护创新的理念。如果侵犯商标权、假冒注册商标的种种行为不能被有效制止或得到惩罚，就会打击企业投入人力、物力进行创新的积极性，最终伤害的不仅是企业的热情、市场的秩序，还会损害国家整体的创新能力和综合国力。因此，加强对商标品牌的保护，就是鼓励和保护企业创新发展，尊重和保护社会创造力和发展活力。

企业是社会经济的细胞。企业兴旺，整体社会经济就会繁荣；企业衰落，整体社会经济就会下滑，这是市场经济不可抗拒的规律。如果商标专用权得不到有力保护，侵权行为泛滥，假冒商品横行，社会公平和市场秩序就会受到挑战。守法经营者的利益不能得到保证，经济社会持续健康发展就会受到阻碍。企业创新成果被侵占，损耗的不仅是企业发展的动力，更是国家经济社会发展的动力。因此，每一位公民都应该学习和了解商标保护的知识，为国家的富强和创新发展作出自己的贡献。

第三章
商标权的保护

第三节 商标专用权保护

我国商标法规定，经商标局核准注册的商标为注册商标；商标注册人享有商标专用权，受法律保护。我国相关法律规定，假冒商标、销售侵犯注册商标专用权的商品、伪造他人注册商标标识或者销售伪造的注册商标标识、帮助他人实施侵犯商标专用权行为等，都属于侵犯注册商标专用权的行为。

资料卡：哪些属于商标侵权行为？

（1）未经商标注册人的许可，在同一种商品上使用与其注册商标相同的商标，即"假冒商标"；

（2）未经商标注册人的许可，在同一种商品上使用与其注册商标近似的商标，或者在类似商品上使用与其注册商标相同或者近似的商标，容易导致混淆的行为；

（3）销售侵犯注册商标专用权的商品；

（4）伪造、擅自制造他人注册商标标识或者销售伪造、擅自制造的注册商标标识；

（5）未经商标注册人同意，更换其注册商标并将该更换商标的商品又投入市场，这类行为又被称为"反向假冒"；

（6）在同一种或者类似商品上，将与他人注册商标相同或者近似的标志作为商品名称或者商品装潢使用，误导公众；

（7）故意为侵犯他人注册商标专用权行为提供仓储、运输、邮寄、印制、隐匿、经营场所、网络商品交易平台等便利条件的行为；

（8）给他人的注册商标专用权造成其他损害的。

问题讨论

观察下列图片，你能发现下列商品或服务中的商标侵权现象吗？你觉得购买这样的商品或服务会带来哪些影响？请从个人、社会、国家的角度分析，并和同学们交流。

康帅傅　　　　　　　KFG　　　　　　　旺子牛奶

按照我国商标法规定，我国商标专用权保护实行行政执法和司法保护并行的**双轨制**，发生商标侵权纠纷时，双方当事人可以先自行协商解决，不愿协商或者协商不成的，商标注册人或者利害关系人可以向人民法院提起诉讼，也可以请求市场监督管理部门处理。此外，任何人都可以就侵犯注册商标专用权的行为向市场监督管理部门投诉或者举报。行政执法和司法保护双轨制并行，可以灵活、及时、有效地保护商标权人的合法权益。

商标权的行政执法保护

行政执法保护具有方便、快捷、高效的特点，行政执法的好处还在于商标法赋予了市场监管部门主动依职权查处侵权行为的权力，有利于维护市场秩序。对于涉嫌构成犯罪的商标侵权案件，市场监管部门会将该案件移送司法机关处理。根据国家市场监督管理部门公布的数据，2012年至2017年，我国共立案查处商标侵权案件17.8万件，依法向司法机关移送涉嫌犯罪案件1000多件。2018年，全国共查处商标违法案件3.1万件，案值5.5亿元。

一旦认定侵权成立，市场监管部门有权责令当事人立即停止侵权行为，没收或销毁侵权商品，没收或销毁主要用于制造侵权商品或伪造注册商标标识的工具，处以行政罚款；对五年内实施两次以上商标侵权行为或者有其他严重情节的，加重处罚。除了市场监管部门的行政罚款，商标权人还可以要求侵权人进行赔偿，对赔偿数额有争议的，当事人也可以请求进行处理的市场监管部门调解。

相较于司法保护，行政执法有以下优势：主动性强，能够集中打击侵权行为；快速便捷，可以有效降低维权成本；方式多样，便于多措并举遏制侵权。尤其对于简单案件的处理，行政执法是最有效的。

事例分享3-5

北京市丰台区市场监督管理局查处侵犯"Cadina 卡迪那"商标专用权案

第1510095号"Cadina 卡迪那"商标为联华食品公司在第30类"玉米片；蔬菜片；膨化土豆片；膨化水果片；五谷杂粮制成的膨化食品"等商品上的注册商标，经续展专用权期限至2031年1月20日。

2019年8月13日，北京市丰台区市场监督管理局接到举报，丰台区某市场内两名商户销售的豌豆脆商品印有"kadina 咔笛娜"文字、字母组合标志，涉嫌侵犯"Cadina 卡迪那"注册商标专用权。经查，涉案商品生产商为北京华飞公司，该公司未经商标注册人许可，于2012年11月至2019年8月13日，在生产销售的豌豆脆商品上突出使用与第1510095号"Cadina 卡迪那"注册商标近似的文字、字母组合标志，构成《商标法》第五十七条第（二）项规定的商标侵权行为（即"未经商标注册人的许可，在同一种商品上使用与其注册商标近似的商标，或者在类似商品上使用与其注册商标相同或者近似的商标，容易导致混淆的"），违法经营额共计194.8087万元。

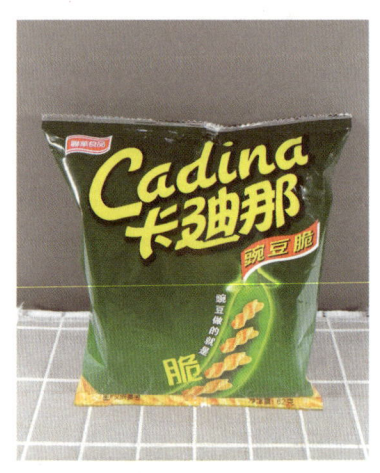

含"Cadina 卡迪那"商标的商品

2020年12月，丰台区市场监督管理局依据《商标法》第六十条第二款的规定："工商行政管理部门处理时，认定侵权行为成立的，责令立即停止侵权行为，没收、销毁侵权商品和主要用于制造侵权商品、伪造注册商标标识的工具，违法经营额五万元以上的，可以处违法经营额五倍以下的罚款"，责令当事人立即停止侵权行为，作出罚款779.2348万元的行政处罚。

商标权的司法保护

商标侵权案件以民事案件为主。当商标侵权行为发生后，被侵权人也可以直接向人民法院起诉侵权人。人民法院可以判决侵权人停止损害、赔偿损失，赔偿数额依据权利人因侵权受到的损失、侵权人因侵权获得的利益或者参照注册商标使用许可费确定。人民法院还可以应权利人请求，责令销毁假冒注册商标的商品，责令销毁主要用于制造假冒注册商标的商品的材料、工具。

为加大打击商标侵权行为的力度，《商标法》引入了惩罚性赔偿制度，对恶意侵犯商标专用权、情节严重的，可以在按照上述方法确定数额的一倍以上五倍以下确定赔偿数额；依据上述方法难以确定赔偿数额的情况下，人民法院可以根据侵权行为的情节判决给予500万元以下的赔偿。

事例分享 3-6

北京庆丰包子铺商标被侵权案

北京庆丰包子铺在餐馆服务上注册有"慶豐"商标，而山东庆丰餐饮公司不可能不知晓北京庆丰包子铺的商标及其字号的知名度，却使用"庆丰"字号成立餐饮公司，并摹仿北京庆丰包子铺商标，在其官方网站、店面门头、菜单、广告宣传上突出使用。北京庆丰包子铺认为山东庆丰餐饮公司的行为容易造成相关公众的混淆和误认，构成商标侵权，因此，向山东省济南市中级人民法院提起诉讼。

北京庆丰包子铺商标

经过山东省济南市中级人民法院一审、山东省高级人民法院二审，直至最高人民法院再审，判决山东庆丰餐饮公司停止使用"庆丰"标识侵害北京庆丰包子铺注册商标专用权的行为，停止在其企业名称中使用"庆丰"字号的不正当竞争行为，并赔偿北京庆丰包子铺经济损失及合理费用5万元。

侵犯商标权，情节严重，涉嫌犯罪的，还会被依法追究刑事责任。我国《刑法》在侵犯知识产权罪一节，规定了三种在侵犯商标权方面的犯罪，具体是：假冒注册商标罪，销售假冒注册商标的商品罪和非法制造、销售非法制造的注册商标标识罪。

2021年3月1日开始施行的《刑法修正案（十一）》，对商标侵权犯罪情节特别严重的，将刑期上限从原来的七年增加至十年，进一步加大了惩治力度。

事例分享3-7

假冒三星注册商标案

"SΛMSUNG"是韩国三星电子株式会社在其手机等商品上使用的在中国的注册商标。郭某升、孙某标、郭某锋三人在未经商标注册人授权许可的情况下，从深圳市某数码城、深圳福田区某手机市场批发假冒的"SΛMSUNG"I8552手机裸机及配件，组装成假冒的三星I8552手机，通过淘宝网店进行销售。上述当事人的行为属于在同一种商品上使用与"SΛMSUNG"注册商标相同的商标，且非法经营数额达2000余万元，非法获利200余万元，情节特别严重。江苏省宿迁市中级人民法院判决认定，他们的行为已构成假冒注册商标罪，对郭某

三星商标

升判处有期徒刑五年，并处罚金160万元；对孙某标判处有期徒刑三年，缓刑五年，并处罚金20万元；对郭某锋判处有期徒刑三年，缓刑四年，并处罚金20万元。同时追缴被告人郭某升、孙某标、郭某锋的全部违法所得，上缴国库；对泗洪县公安局扣押的涉案假冒手机147部、手机电池500块、手机皮套500个、耳机600条、贴标500个、手机后盖130个全部予以销毁。

商标不仅是标示和区分商品或服务来源的识别符号，其背后所代表的企业实力和文化更是与企业发展紧密结合在一起的。商标注册已经成为企业保护自身利益的重要手段。同时，商标必须通过使用才能实现和发展它的价值。企业要转变"专注产品、忽视商标品牌"的惯性思维，增强商标品牌意识，建立品牌发展战略和知识产权保护等现代企业制度，全面提升商标注册、运用、管理和保护的能力。当发生商标侵权行为时，企业要积极运用法律手段维护自己的权益。作为消费者，我们要坚决向假冒伪劣产品说"不"，根绝侵权行为和制假、售假行为的生存土壤。我国法律通过行政执法和司法保护等多种途径，保护商标权不受侵犯，绝不允许假冒伪劣滋生蔓延，让不法制假、售假者难逃法网。实现"中国产品向中国品牌转变"，保护注册商标的合法权益，这既是对商标所有人在创新和经营投入上的支持，更是国家实施创新驱动发展战略的重要基础和必由之路。